W0040580

Was Du alles nicht brauchst für Dein Baby

Susanne Mierau

Impressum:

Erstausgabe 2017
Copyright © 2016 Susanne Mierau
Copyright © der Ausgabe 2016 by Geborgen Wachsen Verlag in der
Frau & Herr Mierau UG (haftungsbeschränkt)
Petersburger Str. 96
10247 Berlin

Printed in Germany

Lektorat: Nadine Lipp, Berlin
Umschlaggestaltung: Desirée Themsfeldt, Berlin
Satz: Florian Bokor, Leipzig
Druck: Schaltungsdienst Lange, Berlin

ISBN: 978-3-946857-00-6

geborgen-wachsen.de

INHALT

EINLEITUNG

Herzlichen Glückwunsch, du bekommst ein Baby! Vielleicht weißt du es schon eine ganze Weile, vielleicht erst seit Kurzem und bist noch ganz aufgeregt. Gerade beim ersten Kind stellen sich so viele Fragen: Was nun? Woran muss ich denken? Was muss ich tun, was müssen wir tun? Die ganz einfache Antwort darauf ist: Du und ihr könnt euch erstmal zurücklehnen, denn so viel ist es nicht, was beachtet werden muss. Das Allerwichtigste für die nächsten Monate und die ersten Jahre ist nichts, was man kaufen könnte.

Das Wichtigste ist, das Familienleben genießen zu können. Natürlich gibt es Dinge, die uns das Leben erleichtern. Aber die Sachen, die wirklich unterstützend sind, kann man nicht erwerben. Das, was werdende Eltern wirklich brauchen, ist Zeit:

- Zeit, um sich auf das neue Leben einzulassen
- Zeit, um sich selbst als Eltern und um das Baby kennenzulernen
- Zeit, um als Paar neu zusammen zu finden, wenn man eines ist
- Zeit in Form von Beratung und Austausch.

Unterstützung und Vernetzung sind die wohl wichtigsten Sachen, die Eltern brauchen: eine Schulter zum Anlehnen und ein Mensch, der sich Sorgen anhört und kleine und große Freuden teilt. Ein Kopf, der mitdenkt und Hände, die mit anpacken beim Aufräumen oder Essen kochen. Ein Mensch, der etwas mit einem unternimmt, der mit dem Baby spazieren geht oder sich um größere Geschwisterkinder kümmert. Familien brauchen - gerade heute, wenn die eigene Ursprungsfamilie, die unterstützen könnte, weit weg ist - meistens Zeit statt Zeug.

Wenn wir eine „junge" Familie also unterstützen wollen, sollten wir ihnen unsere Zeit und Aufmerksamkeit schenken vor allen anderen Dingen.

Doch nicht nur Eltern sind ein Teil der neuen Familie, sondern auch das Baby, das in diese neue Familie geboren wird. So, wie die Eltern vor allen anderen Dingen Zeit brauchen, braucht auch das Baby vor allem Zeit und Nähe, um im Leben ankommen zu können. In der Gebärmutter ist es idealerweise rundum versorgt mit allem, was es braucht: Es wird wohlig gewärmt, bekommt jederzeit die Nahrung, die es benötigt und kann nach Bedarf schlafen oder wachen, sich bewegen und spielen. Es ist immer in Kontakt mit der Mutter und liebevoll umhüllt. Diese Grundbedürfnisse eines Babys ändern sich nach der Geburt erst einmal nicht. Das Baby muss sich nur erst daran gewöhnen, dass die Umstände außerhalb des Mutterbauches andere geworden sind. Und die Eltern müssen ihrerseits lernen, die Bedürfnisse des Babys zu erkennen und richtig darauf einzugehen.

Es gibt mittlerweile viele Hilfsmittel, die uns Eltern das Leben erleichtern und ihnen suggerieren sollen, die Bedürfnisbefriedigung des Babys optimal zu ermöglichen. Denn Eltern sind oft verunsichert: Vielleicht sind sie selbst ohne Geschwister groß geworden und mit wenig Kontakt zu Babys, so dass sie kaum auf Vorwissen zurückgreifen können. Vielleicht haben sie keine Unterstützer*innen in der Nähe, die Tipps geben können. Und natürlich haben Eltern den Wunsch, das Beste für ihre Kinder zu geben, denn wir haben heute eine ganz besondere Bindung zu unseren oft sorgsam geplanten und wenigen Kindern. Alles soll richtig sein. Und so kommt es, dass wir manchmal auf Dienstleistungen und Produkte vertrauen, die es uns ermöglichen sollen, ganz besonders gut für unsere Kinder zu sorgen.

Windeln, die mit Teststreifen anzeigen, wann sie gewechselt werden müssen. Pflegeprodukte für besonders weiche Haut, Activity-Center, durch die Kinder bespielt und mit Musik berieselt werden, um sie zu fördern. Wenn wir diese Produkte benutzen, tun wir es in dem besten Glauben, wirklich etwas Gutes für unsere Kinder zu tun. Doch oft bringen diese Sachen nicht die Hilfe und Unterstützung, die wir uns erhoffen oder die, die das Kind braucht. Denn Kinder brauchen vor allem Nähe und Zuwendung und das Verständnis ihrer Eltern. Sie signalisieren uns selbst, wann sie eine frische Windel brauchen, wir müssen sie nicht erst wechseln, wenn ein Teststreifen es angibt. Sie signalisieren auch, wann sie Nahrung brauchen und müssen nicht nach der Uhrzeit oder einer App versorgt werden. Unsere Babys kommen mit vielen Kompetenzen in das Leben, unter anderem mit der Fähigkeit zu kommunizieren.

Neben der Befriedigung ihrer Grundbedürfnisse gibt es nur wenige Dinge, die Babys zusätzlich wirklich brauchen - aber es gibt viele, die uns eingeredet werden, gebraucht zu werden. Kinder brauchen weder Kinderwasser oder -milch noch Babywippen oder -hopser. Sie lernen das Laufen auch ohne Lauflernhilfe. Sie brauchen nicht einmal Spielzeug, denn zunächst ist der Körper das Spielzeug ihrer Wahl bis sie sich selbst suchen, was sie interessiert und woran sie ihre Fähigkeiten erweitern können.

Um all das geht es in diesem Buch: Um die Dinge, die ein Baby nicht braucht - und warum es sie nicht braucht. Von der Kleidung über Pflegeartikel und Ernährung bis hin zu Spielwaren und anderen Babyartikeln. Jede Familie kann ihren eigenen Weg zu Dingen finden, die ihr wirklich helfen. In diesem Booklet gibt es ein paar Anregungen, worauf man achten kann. Aber letztlich sind Bedürfnisse immer individuell und es gibt nicht den einen richtigen Weg. Aus meiner Erfahrung als dreifache Mutter und Familienbegleiterin zeige ich hier unseren Weg und unsere Ideen durch die Babyzeit. Du kannst dir daraus mitnehmen, was gut zu dir passt.

WELCHE KLEIDUNG BRAUCHEN BABYS?

Im Mutterleib ist das Baby wohlig gewärmt und umhüllt. Dann wird es geboren und erlebt zum ersten Mal Kälte und Grenzenlosigkeit: Die Temperatur um das Baby herum ist kühler und es kann sich mit seinen Gliedmaßen in alle Richtungen bewegen, ohne an etwas anzustoßen. Da es etwas anderes gewohnt ist, ist es zurecht verwundert über diese neue Daseinsform. Deswegen ist es wichtig, dass wir das Baby sanft an das neue Leben heranführen. Und dies können wir darüber erreichen, indem wir ihm das geben, was es vermisst: Wärme und Hülle.

„Das Wochenbett ist einer von mehreren gleich wichtigen Teilen im Prozess des Kinderbekommens. Bereiten Sie sich darauf vor, und zwar idealerweise genau so sorgfältig wie auf die Geburt." (Stern/Gaca 2016)

Die Wochenbettzeit ist eine wichtige Zeit des Ankommens für die gesamte Familie. Und so altmodisch es auch klingt: Das Wochenbett sollte wirklich berücksichtigt und zelebriert werden. Nicht nur für die Mutter zur Rückbildung und Neufindung, sondern auch für das Ankommen des Babys, des Partners/der Partnerin und eventuell vorhandener Geschwisterkinder.

Doch was hat das Wochenbett mit Wärme und Hülle zu tun? Im Wochenbett gewöhnt sich das Baby langsam an das Leben außerhalb der Gebärmutter. Wir erleichtern ihm den Übergang, wenn wir ihn schrittweise gestalten und viel von der vormals natürlichen Umgebung nachahmen. Das bedeutet: Hautkontakt, Umhüllung des Babys und Wärme auf Körpertemperatur. All dies können wir dem Baby anbieten, wenn wir es möglichst viel nackt auf unserer Haut liegen lassen oder nackt (bzw. mit Windel) an uns tragen.

Während der ersten Woche des achtwöchigen Wochenbetts sollten Mutter und Baby möglichst viel im Bett liegen bleiben. Diese Zeit bietet sich sehr gut dafür an, dass das Baby unbekleidet auf dem nackten Oberkörper einer Bindungsperson liegen kann, von oben gewärmt durch eine Decke (Achtung: Babys sollten nicht mit einer Decke bedeckt schlafen, damit nicht versehentlich ihre Atmung behindert wird. Bevor also die Bezugsperson einschläft, sollte ein anderes Schlafarrangement gefunden werden).

Nicht nur mit der Mutter, die das Kind geboren hat, sollte hier körpernah gekuschelt werden, sondern auch mit dem anderen Elternteil und eventuell vorhandenen Geschwisterkindern. Ist die Babyhaut zu kalt, steigt die Körpertemperatur der Mutter an, um das Baby zu wärmen und anders herum (Renz-Polster, S.126). Bei angenehmen Gefühlen, Körperkontakt, Massagen, beim Stillen, bei der Körperpflege und gemeinsamen schönen körperlichen Interaktionen werden zudem die Liebeshormone Dopamin und Oxytozin ausgeschüttet (Burgdorf/Panksepp 2006). Oxytozin bewirkt Entspanung, ein Gefühl der sozialen Verbundenheit, mildert Ängste, senkt den Blutdruck, verringert den Kortisolspiegel, verbessert die Wundheilung, regt (Nerven-)Wachstum an (Uvnäs-Moberg 2006). Wird Oxytozin ausgeschüttet, fungiert es als Bindungshormon und wir fühlen unserem Gegenüber verbunden. Der Körperkontakt kann also einen ganz besonderen Einfluss nehmen auf das Ankommen, die Entspannung des Babys und die Entwicklung der Bindung. In dieser Zeit und auch später ist es deswegen günstig, wenn das Baby nach Möglichkeit direkten Hautkontakt herstellen kann. Deshalb ist besonders im Frühwochenbett noch gar nicht viel Babykleidung nötig, wenn

gemeinsam viel gekuschelt wird. Geht es dann aus dem Bett hinaus, kann das Baby erst einmal nackt (bzw. mit Windel) in der Wohnung im Tragetuch getragen werden. Auch hier ist es dann möglich, dass das Baby direkten Körperkontakt zum tragenden Elternteil hat, der über das Tuch eine Strickjacke ziehen kann.

Während früher immer Babyhäubchen auch in der Wohnung angeraten wurden, gehen die Empfehlungen heute wieder davon weg. Denn die Mützchen können sich nachteilig auswirken darauf, ob wir das Kindchenschema (großer Kopf im Verhältnis zum Körper) des Babys optisch wahrnehmen. Dieses ist jedoch wichtig für die Bindungsentwicklung. Auch den Geruch des Babys, der dem kleinen Kopf entströmt, können wir durch eine Mütze weniger gut wahrnehmen - und auch er ist von großer Bedeutung für die Bindung, denn durch den Babygeruch wird das schon beschriebene Bindungshormon Oxytozin ausgeschüttet. Zudem ist das Kind, wenn es neben Strampler und Body auch noch ein Mützchen trägt, fast am ganzen Körper mit Stoff bedeckt, wodurch direkter Körperkontakt schwerfällt. Ein

Häubchen oder Mützchen benötigen wir nur dann, wenn es in der Wohnung kalt sein sollte und das Baby keinen direkten Körperkontakt hat oder wenn wir es aus dem Haus tragen.

Doch auch wenn es viel Hautkontakt bekommt, braucht ein Baby natürlich Kleidung. Wenn wir diese auswählen, sollten wir uns jedoch immer wieder vor Augen führen, woher unser Baby kommt und dass es bisher keine Erfahrungen mit Stoff auf der Haut und Kleidung gemacht hat. Die Auswahl des Materials ist deswegen wichtig. Generell gilt, dass natürliche, unbehandelte, schadstofffreie Materialien vorzuziehen sind. Baumwolle, Wolle und Seide aus kontrolliert biologischem Anbau bzw. kontrolliert biologischer Tierhaltung sind besonders empfehlenswert.

Besonders häufig sind Textilien aus *Baumwolle*, da sie Feuchtigkeit gut aufnimmt, strapazierfähig und hautsympathisch ist. Babykleidung aus Baumwolle kann zudem einfach gewaschen werden, auch bei höheren Temperaturen und ist deswegen gerade auch für Bodys empfehlenswert.

Neben Baumwolle wird für Babykleidung häufig auch Merinowolle verwendet, die weicher ist als herkömmliche Schafwolle und die Körpertemperatur des Babys wunderbar regulieren kann: Da sie einen hohen Luftanteil hat, isoliert sie und schützt vor Auskühlung. Sie nimmt die Körperfeuchtigkeit sehr gut auf, bleibt selbst aber äußerlich lange trocken. Deswegen werden beispielsweise Wollüberhosen bei bestimmten Stoffwindeln genutzt. Zudem nimmt sie Schmutz und Gerüche weniger an und die unangenehmen Gerüche werden an die Luft abgegeben. Deswegen muss Wolle weniger oft gewaschen werden, ein Auslüften oder Abbürsten reicht oft. Wer auf Wolle setzt braucht deswegen oft weniger Kleidungsstücke als bei reinem Baumwollgebrauch. Stulpen und Pulswärmer aus Wolle können kür-

zer werdende Ärmel verlängern und bieten für die kleinen Gliedmaßen wohlige Wärme, wenn das Baby nicht im direkten Körperkontakt ist. Gerade am Anfang werden kalte Händchen oder Füßchen
durch kleine Pulswärmer gut gewärmt.

Insbesondere in Kombination mit Wolle kommt auch *Seide* häufig
zum Einsatz bei Babykleidung. Auch sie kann Feuchtigkeit gut auf-
nehmen, hat einen hohen Tragekomfort, ist aber weniger pflege-
leicht. Allerdings sind Wolle und Seide Tierprodukte. Wer diese nicht
verwenden möchte, kann ein Baby natürlich auch komplett vegan
einkleiden. Vegane Babykleidung wird meistens aus Baumwolle hergestellt, aber es gibt auch neue Stoffe für vegane Kleidung wie So-
ja-Seide, Stoffe aus Bambus oder Hanf (häufig verwendet bei Stoffwindeln) und Kork als Alternative für Leder.

Sinnvoll ist es, Babykleidung gebraucht zu kaufen, da sie dann oft
schon mehrfach gewaschen wurde. Neuer Babykleidung können
noch Chemikalien anhaften, die über die Haut oder das Nuckeln
am Stoff aufgenommen werden. Textilfarben (insbesondere Azo-
farbstoffe) und textile Ausrüststoffe sind teilweise giftig oder ihre
Wirkung auf den Menschen ist noch unklar. Deswegen kann es sinnvoll sein, auf aufwändig bunte Kleidung für Babys zu verzichten. Das
Baby braucht an sich keine neue Kleidung - es ist eine Frage unseres
eigenen Anspruchs. Wer dennoch (teilweise) neue Kleidung kauft,
sollte sie vor der Nutzung mehrfach gründlich waschen.

Manche Kinder spucken viel (Mutter)Milch wieder aus, manchen läuft
viel Speichel aus dem Mund, beispielsweise beim Zahnen. Die Kinder
sind in Bezug auf den Bedarf an Spucktüchern sehr unterschiedlich:
einige brauchen kaum welche, andere recht viele. Eine kostenspa-
rende und praktische Idee ist es, aus einer Mullwindel Halstücher zu
machen: Eine Mullwindel kann mit wenigen Schnitten in vier Drei-

AUF FOLGENDE ASPEKTE SOLLTE BEI DER AUSWAHL DER KLEIDUNG EBENFALLS GEACHTET WERDEN:

- Sie sollte bequem an- und auszuziehen sein. Bei Bodys erreichen wir dies, indem wir Wickelbodys auswählen, die nicht über den Kopf gezogen werden müssen. Generell sind alle Teile, die über den Kopf gezogen werden müssen, eher zu vermeiden.
- Mittlerweile gibt es einige Modelle an Babybodys, die „mitwachsen": Durch mehrere Druckknopfleisten im Schritt können sie verstellt werden. Ebenso sind Bodyverlängerungen erhältlich, die an den Body angeknöpft werden können. (Achtung: Achte darauf, dass die Druckknöpfe zusammenpassen.)
- Bei allen Kleidungsstücken sollte zudem darauf geachtet werden, dass sie an keinen Stellen einschnüren, die natürliche Bewegungsfähigkeit des Babys nicht beeinflussen und auch keine harten Teile auf der Rückseite angebracht sind, auf denen das Baby liegt (keine Knoten bei Flügelhemdchen, keine Knöpfe auf der Rückseite). Auch Etiketten und Waschzettel können unangenehm sein, diese ggf. herauslösen.
- Gerade auf den Bauch sollte kein Druck durch enge Hosen ausgeübt werden.
- Socken gehen schnell verloren, obwohl sie für die kleinen Füße so wichtig sind, damit sie warm bleiben. Deswegen ist es gut, Modelle auszuwählen, die nicht leicht abrutschen oder mit Schleifen befestigt werden.
- Kleidchen sehen zwar niedlich aus, sind aber sehr unpraktisch im Gebrauch, da sie ständig verrutschen und das Baby dann auf Kleiderfalten liegen muss.

eckstücher zerteilt werden, die über den Tag genutzt und ausgewechselt werden können.

Die Menge der Kleidungsstücke, die benötigt werden, richtet sich auch nach dem Waschaufkommen in der Familie: Wer selten wäscht, braucht eventuell mehr Kleidungsstücke als eine Familie, in der abends ein Body kurz im Waschbecken gewaschen wird. Auch kann der Bedarf an der tatsächlichen Menge an benötigten Textilien von anderen Faktoren abhängen wie beispielsweise der Windelwahl (sind die Windeln passend oder laufen sie häufig aus? Wegwerfwindeln laufen häufiger bis zum Rücken über als Stoffwindeln, weshalb dann mehr Bodys benötigt werden). Weniger Textilien braucht man, wenn man versucht, das Windelfrei-Prinzip in den Alltag einzubauen (siehe Kapitel Babypflege).

BABYPFLEGE - WAS BRAUCHT MAN NICHT UND WAS IST WICHTIG?

Zur Körperpflege des Babys braucht man nicht viel, auch wenn in Drogerien regalweise Cremes, Duschbäder, unterschiedliche Feuchttücher und Hautschutzcremes angeboten werden. Die meisten dieser Produkte brauchen Babys nicht. Selten werden sie vor dem Krabbel-/Laufalter so schmutzig, dass ihre Haut wirklich mit Seife gereinigt werden müsste. Wasser, Muttermilch und Öl sind in den meisten Fällen ausreichend für die Babypflege. Bei Kindern, die mit Wegwerfwindeln gewickelt werden oder die zum Wundwerden neigen, bietet sich auch eine Wundschutzcreme für den Windelbereich an.

WELCHES ÖL EIGNET SICH ZUR BABYPFLEGE?

Zunächst ist eine Unterscheidung zwischen Mineralölen und Pflanzenölen wichtig: Mineralöle bestehen aus langen Kohlenstoffketten. Diese legen sich auf die Haut, verstopfen die Poren und verhindern so die natürliche Hautatmung. Sie trocknen so längerfristig die Haut aus, was dazu führt, dass die mit Mineralölen „gepflegten" Kinder eine sehr trockene Haut haben und diese immer wieder eingeölt wird, wodurch ein negativer Kreislauf entsteht. In manchen Produkten oder äußerlichen Medikamenten machen Mineralöle Sinn, wenn Substanzen gerade nicht in die Haut einziehen sollen, aber für die alltägliche Pflege des Körpers sind sie nicht zu empfehlen.

Die Kohlenstoffketten pflanzlicher Öle sind hingegen kürzer, weshalb sie besser von der Haut aufgenommen werden und zudem beinhalten diese Öle weitere pflegende Inhaltsstoffe. Bei den pflanzlichen Ölen sollte auf einen kontrolliert biologischen Anbau geachtet werden. Für die Massage eignen sich insbesondere sogenannte Träger- oder Basisöle. Diese Öle werden aus einer Pflanze gewonnen, beispielsweise durch Pressen der Keime, Frucht oder Samen. Bewährt in der Babypflege hat sich die Anwendung von Mandelöl, da dieses leicht einzieht (und dadurch auch gut bei fettiger Haut verwendet werden kann) und die Haut nährt. Auch Jojobaöl wird häufig verwendet, da es entzündungshemmend wirkt, sehr hautfreundlich und reich an Vitamin E ist. Bei trockener, empfindlicher Haut kann auch Aprikosenkernöl verwendet werden, es wirkt beruhigend. Man kann aber auch (besonders für die Pflege des Pos) ganz einfach gutes Olivenöl aus der Küche benutzen. Ätherische Öle können bei Babys schwere Reaktionen hervorrufen wie Atemnot und sollten nur nach Rücksprache mit einer Fachperson eingesetzt werden.

DAS BABY MIT WENIGEN MITTELN EINFACH PFLEGEN

Für die tägliche Pflege reicht es aus, das Baby mit einem Waschlappen abzuwaschen und den Körper mit Öl einzureiben und dabei insbesondere auf die Körperfalten zu achten. Auch der Windelbereich kann mit einem Waschlappen gesäubert werden und benötigt keine besonderen Pflegetücher. Eine volle Windel sollte am besten immer gleich gewechselt werden, besonders wenn sie Stuhl enthält, um die Haut nicht unnötig zu strapazieren. Wird die Haut gleich gesäubert, wird meist auch kein Öl benötigt, um Rückstände von der Haut zu lösen, sondern ein feuchter, warmer Waschlappen reicht vollkommen aus. Auch für unterwegs können Waschlappen aus einem kleinen Wetbag genutzt werden. Mit einer kleinen (Sprüh)Flasche mit Wasser kann man den Waschlappen auch unterwegs befeuchten und den schmutzigen Lappen nach dem Gebrauch im Wetbag verstauen und zu Hause in der Waschmaschine waschen. Alternativ können die Waschlappen auch schon zu Hause befeuchtet und in einer Box transportiert werden. Dies ist die wohl umwelt- und hautfreundlichste Methode.

Anstatt Feuchttücher mit vielen Inhaltsstoffen (wie Parabene, Tenside und Alkohol, die alle nicht besonders gut für die Babyhaut sind, da sie den Säureschutzmantel stören) zu kaufen, können sie auch selbst hergestellt werden, wenn Eltern gerne zur Reinigung Feuchttücher benutzen wollen - wirklich notwendig sind sie jedoch meist nicht. Hierzu kann Küchenpapier oder Windelvlies in Öl getränkt und in einer kleinen Box verschlossen mitgenommen werden.

Ein Bad ist ab und zu eine sinnvolle Ergänzung zur täglichen Pflege mit dem Waschlappen. Aber auch hierfür wird sehr wenig benötigt: Babys brauchen weder Babybadewanne noch Badeeimer. Sie können einfach in der normalen Badewanne mit einem Elternteil baden und den Hautkontakt genießen oder in einem großen Waschbecken gewaschen werden. Auch brauchen sie meist keine speziellen Badezusätze zur Reinigung. Badezusätze können dann hilfreich sein, wenn sie Kräuterzusätze enthalten, die für einen bestimmten Zweck vorgesehen sind. Beispielsweise können unruhige Babys durch entspannende Kräuterbäder etwas zur Ruhe kommen. Nach dem Bad kann das Baby dann wie gewohnt eingeölt werden.

ACHTSAME KÖRPERPFLEGE BRAUCHT ZEIT UND EINEN GUTEN ORT

Das Wickeln des Babys nimmt viel Zeit in Anspruch. Es ist eine Zeit, die gut begangen werden sollte, denn wir vermitteln beim Wickeln

TÄGLICHE PFLEGE UND MASSAGE

Pflege und Massage können gut gleichzeitig stattfinden, nach einem immer gleichen Ablauf. Jeden Morgen wird das Baby ausgezogen. Wer möchte, kann es dann kurz über der Toilette, dem Waschbecken oder einem Topf abhalten. Oft entleeren Babys gerne ihre Blase, wenn sie nicht mehr in der Windel sind. Danach kann das Baby mit einem weichen Waschlappen mit warmem Wasser gewaschen werden. Vielleicht gibt es hierzu ein kleines Lied oder einen Vers. Nach dem Waschen kann der massierende Elternteil eine kleine Menge Öl in der Hand durch Reiben erwärmen und dann auf die noch leicht feuchte Haut verteilen. Bei der Morgenmassage kann an den Füßen begonnen werden und vom Ende des Körpers zur Körpermitte hin gestrichen werden, so dass der Organismus angeregt wird (abends sind es dann eher die ausstreichenden Bewegungen vom Körper weg, um zur Ruhe zu kommen). Nach den Beinen kann im Uhrzeigersinn (Verlauf des Darms) über den Bauch gestreichelt werden, später werden Brust, Achseln und Arme eingeölt. Abschließend darf das Baby auf dem Bauch liegen und Rücken und Nacken werden massiert. Auf diese Weise wird der gesamte Körper am Morgen begrüßt und mit anregenden Streicheleinheiten geweckt und gleichzeitig können die vielen kleinen Körperfalten gesäubert und gepflegt werden, damit sie nicht wund werden. Je nach Möglichkeit dauert das Ritual mal länger, mal kürzer. Mal haben die Geschwister daran teil, mal nicht. Babymassage ist auf diese Weise keine extra aufgesetzte Situation, sondern ein ganz natürlicher Teil des täglichen Pflegerituals mit vielen positiven Wirkungen.

wesentliche Dinge. Körperausscheidungen riechen und wenn Kinder mit Beikost beginnen, vielleicht sogar fleischlicher Beikost, dann bekommt der Geruch noch einmal eine ganz andere Intensität. Für Babys jedoch, die noch kein ausgeprägtes Gefühl dafür haben, was zu ihrem Körper gehört, wo er anfängt und wo er aufhört, ist der Umgang mit ihrem Körper sehr wichtig. So wichtig, wie für uns später auch. Ihnen die Windel zu wechseln und dabei zu vermitteln, dass dies eine eklige Handlung ist, dass es einem widerstrebt, dass es unangenehm ist, kann sich auf ihre Selbstwahrnehmung auswirken. Sie sind Babys, die noch nicht für sich selbst sogen können. Sie wollen von uns geliebt und geachtet werden und sie wollen uns kein schlechtes Gefühl machen oder das Gefühl vermitteln, dass wir uns vor ihnen ekeln müssten. Für Kinder ist es wichtig, dass wir wertschätzend mit ihrem Körper umgehen. Körperteile zu benennen, sie nicht abzuwerten oder ihnen unangenehme Eigenschaften zuzuweisen. Wir müssen sie nicht beschämen, indem wir ihnen sagen, wie eklig etwas sei oder dass sie ja alles schmutzig gemacht hätten. Es ist für sie unklar, warum etwas, das aus ihrem Körper kommt und ein Teil davon ist, nun ekliger Schmutz ist. Körperausscheidungen sind nun einmal ganz einfach der Rest des Verdauungsprozesses.

Babys können in die Pflegesituation schon eingebunden werden: Öffne Deine Windel selbst, reich mit bitte eine Tuch, wisch mal selbst – all dies sind Möglichkeiten, um sie, je nach Alter, aktiv einzubinden. Je weniger „Zeug" wir dabei verwenden, desto besser können wir uns auf die Interaktion konzentrieren. Besonders wichtig ist auch hier, dass man den Kindern erklärt, was man tut. Sprachlich kann vorbereitet werden, welcher Schritt als nächster ansteht: „Ich mach jetzt den Lappen nass, um dich abzuwischen." So kann sich das Baby auf die anstehende Situation vorbereiten. Werden solche Routinehandlungen sprachlich immer begleitet, hat das Kind ein Wissen davon, kann sich besser einlassen und eher kooperieren.

Wenn wir so Windeln wechseln, nehmen wir uns Zeit. Deswegen ist es wichtig, dass wir als Eltern uns dabei auch wohlfühlen und eine angenehme Körperhaltung einnehmen können. Für einige Eltern ist es vollkommen in Ordnung, auf dem Fußboden zu wickeln. Denn für das Wickeln braucht man eigentlich keinen Wickeltisch. Das Wickeln auf dem Fußboden hat den Vorteil, dass das Baby nicht vom Wickeltisch fallen kann. Größere Krabbel- oder Laufkinder können gefahrlos im Stehen gewickelt werden. Zudem hat man genügend Platz für die Dinge, die man gerade braucht. Mit dem Wickeln auf dem Boden ist zumeist auch verbunden, dass es keinen Heizstrahler gibt. In den meisten Fällen wird ein solches Gerät auch nicht benötigt. Babys fühlen sich in der Wärme wohl, aber in den meisten Wohnungen ist es ohnehin nicht so kalt, dass das Baby beim Wickeln auskühlen könnte oder gestört wird.

Wer auf einen Wickeltisch nicht verzichten möchte, kann sich auch einen einfachen Wickelaufsatz für die Waschmaschine selber bauen. Das Wickeln im Bad hat den Vorteil, dass man in der Nähe eines Waschbeckens ist. Das darf allerdings nicht dazu verleiten, das Baby allein auf dem Wickeltisch liegen zu lassen. Selbst kleinste Babys, die sich noch nicht drehen können, können sich durch einen Bewegungssturm (plötzliches Zappeln) der Arme und Beine vom Wickeltisch herunterwirbeln.

Für einen selbst gebauten Wickeltisch werden nicht viele Zutaten benötigt: eine große Platte aus Holz in den Maßen der Waschmaschinenoberseite, drei Bretter als Rand, die hoch genug sein sollten, dass sich das Baby nicht darüber rollen kann. Dazu benötigst du einen Akkuschrauber und Holzschrauben.

Auch auf Wickelunterlagen kann gut verzichtet werden. Abwaschbare Wickelunterlagen sind oft mit Weichmachern belastet. Wer auf

eine abwaschbare Wickelunterlage dennoch nicht verzichten möchte, sollte sich vorher auf jeden Fall über die Inhaltsstoffe informieren. Häufig als Wickelunterlage verwendet werden auch Lammfelle, die auch in der Waschmaschine gewaschen werden können. Aber auch eine einfache Decke ist vollkommen ausreichend, wenn die Unterlage etwas weicher sein soll als der blanke Boden oder ein Wickeltisch.

WEGWERFWINDELN, STOFFWINDELN ODER WINDELFREI?

Babys brauchen eigentlich keine Windeln. Denn in zahlreichen Kulturen werden Kinder auch ohne Windeln groß. In unseren Breiten können Windeln jedoch eine Erleichterung sein, weil wir mit den Babys oft nicht so körpernah leben, wie in anderen Kulturen und unser Alltag anders strukturiert ist, wodurch es uns schwerer fällt, die Ausscheidungssignale des Babys zu beachten. Prinzipiell wäre es jedoch möglich, ohne Windeln bzw. mit nur wenigen Backupwindeln auszukommen.

WINDELFREI ODER ELIMINATION COMMUNICATION

Eigentlich ist „windelfrei" nicht die korrekte Bezeichnung für das, worum es geht. Die englische Bezeichnung „Elimination Communication" ist passender. Denn genau darum geht's: Kommunikation. Wie bei allen anderen Bedürfnissen auch, zeigt das Baby an, wenn es das Bedürfnis nach Ausscheidung hat. Das Baby weint, wenn es Hunger hat, wenn es Schmerzen fühlt, wenn es sich langweilt oder Nähe braucht. Und natürlich signalisiert es auch das Bedürfnis, seinen Blasen- oder Darminhalt loszuwerden. Wenn man darüber nachdenkt, ist es vollkommen logisch, dass auch dieses Bedürfnis angezeigt wird. Selbst Remo Largo schreibt in seinem Klassiker Babyjahre (2002, S. 206 f.): „Kurz bevor ein Säugling den Darm oder die Blase entleert, bewegt er sich etwas mit Körper und Beinen und stößt gleichzeitig einen kurzen Schrei aus."

Warum tut das Baby das? Weil es ganz einfach seine Ausscheidungen nicht mit sich herumtragen möchte. Das tut ja sonst auch niemand. Weder Tiere noch Menschen. Warum also sollten Babys das machen wollen? In seinen eigenen Ausscheidungen zu sitzen, ist nicht angenehm. Es stinkt und greift die Haut an. Windeldermatitis kann auf dieser Grundlage entstehen – eine unangenehme Erkrankung für ein Baby, die ausgerechnet die zarte Haut im Intimbereich betrifft. Da Babys aber keine Nestflüchter sind und auf die Fürsorge ihrer Bindungspersonen angewiesen sind, signalisieren sie ihnen: Hallo, ich muss mal! Bitte hilf mir!

Largo (2002, S. 472) sagt dazu: „Durch dieses Signal vorgewarnt, hält die Mutter ihn [den Säugling] so weit von ihrem Körper weg, dass sie von Urin und Stuhl nicht beschmutzt wird. Auch unsere Kinder zeigen dieses Verhalten im Neugeborenen- und Säuglingsalter. Weil wir aber darauf nicht reagieren, verliert sich das Verhalten nach einigen Wochen. Manche zeigen aber noch nach Monaten mit Schreien, motorischer Unruhe oder mimischen Reaktionen an, wenn sie die Blase oder den Darm entleeren müssen." Reagieren wir also nicht auf das Signal des Babys, stellt es das Signal irgendwann ein.

Wir wechseln die Windel, weil unser Baby vielleicht unruhig wird. Es zeigt uns mit seinem Verhalten, dass es sich unwohl fühlt und wir nehmen dieses Verhalten wahr und reagieren darauf. Beim Abhalten des Babys tun wir genau dasselbe: Unser Baby zeigt uns nur schon vorher, dass es ein Bedürfnis hat: nicht das Bedürfnis, von der vollen Windel befreit zu werden, sondern das, gar nicht erst in die Windel zu machen, sondern sich außerhalb davon zu befreien. Darüber hinaus gibt es jedoch auch zahlreiche andere Ausdrucksformen und im Laufe der Zeit wandeln sich die Signale des Babys bis das Bedürfnis immer mehr versprachlicht wird. Auch gibt es bestimmte Momente, in denen es sehr wahrscheinlich ist, dass das Baby ein Ausscheidungsbedürfnis hat: während oder nach dem Stillen/Flaschenfütterung oder nach dem Aufwachen. Das Baby hat ein Bedürfnis, signalisiert es und der Erwachsene reagiert darauf mit Abhalten. Es ist also kein Töpfchenunterricht, der stattfindet, sondern einfach die Beantwortung eines Bedürfnisses. Es hat mit Wertschätzung gegenüber dem anderen Menschen zu tun, ihn nicht hilflos in seinen Ausscheidungen liegen zu lassen – das gilt für ältere erwachsene Menschen wie für Kinder. Wenn wir das Baby abhalten oder häufig die Windel wechseln, zeigen wir ihm damit: Ich achte deinen Körper und dich, ich nehme dich ernst. Das Windelwechseln ist dabei mehr als nur ein Akt der Körperpflege. Es kann auch ein wunderbarer Moment sein, um miteinander ins Gespräch zu kommen, um das Baby mit seinem Körper vertraut zu machen.

Windelfrei bzw. das Abhalten ist im Alltag durchaus machbar. Je näher das Baby bei einem ist, desto einfacher kann man die Signale spüren und darauf reagieren. Auf diese Weise lernt man nach und nach das Baby und seine Kommunikation noch besser kennen. Doch natürlich gibt es auch Momente, in denen es vielleicht nicht klappt. Oder Zeiten, in denen man weniger körpernah ist oder einfach gerade den Kopf mit anderen Dingen voll hat und weniger gut „versteht". Deswegen werden auch bei „windelfrei" Windeln als Backup genutzt. Besonders Stoffwindeln sind hierfür natürlich geeignet. Sie sollten schnell zu wechseln sein und praktisch ist es, wenn nur die Einlagen ausgewechselt werden müssen und sich die Windel auch schnell und einfach öffnen lässt, da kleine Babys ihr Bedürfnis noch nicht lange anhalten können.

Es ist möglich, dass das Baby das Abhalten nach einer Weile von uns erwartet und etwas „empört" auf eine nasse Windel reagiert und uns so ermahnt, es schnell zu säubern. Das ist jedoch auch ein positiver Nebeneffekt. Es verlernt nicht, dass es lieber sauber sein möchte. Es erfährt immer, dass der trockene Zustand richtig und normal ist und muss dieses nicht später erst wieder lernen. Windelfrei wachsende Babys sind in der Regel schneller ganz windelfrei. Wir müssen ihnen später nicht erst wieder beibringen, dass Windeln eigentlich doch nicht so praktisch sind und sie sich lieber an einem anderen Ort entleeren als die Ausscheidungen bei sich zu tragen.

Und auch sonst hat es weitere sehr positive Vorteile: Abgehaltene Babys sind weniger wund und haben seltener Windeldermatitis. Es hat also durchaus positive gesundheitliche Aspekte, es auszuprobieren.

TEILZEIT-WINDELFREI: EINFACH BEIM WICKELN ABHALTEN

Es ist dennoch auch vollkommen in Ordnung, wenn man sich gegen Windelfrei im Alltag entscheidet. Und auch bei mir gibt es Phasen, in denen es einfach gerade gar nicht geht und solche, in denen ich wirklich Zeit und Raum dafür habe. Aber es gibt die kleinen Momente, in denen es immer möglich ist. Einer dieser Momente ist das Wickeln des Babys: Immer wenn es frisch gewickelt wird, halte ich es ab. Denn: Oft entleeren sich die Babys sowieso genau in diesem Moment. Und jedes Abhalten ist eine nasse Windel weniger. Es lohnt sich deswegen, es einfach mal auszuprobieren: für den Windelverbrauch/ die Windelwäsche, für das Baby und auch für uns als Erwachsene, die auf diese Weise mit dem Baby kommunizieren können. Nicht selten entwickelt sich aus diesem Ausprobieren dann doch noch etwas mehr, vielleicht sogar das Abhalten nachts. Windelfrei macht uns nicht zu besseren Eltern, aber es kann eine wirkliche Erleichterung im Alltag sein.

STOFFWINDELN

Wenn wir Windeln verwenden wollen, können wir uns zwischen Wegwerfwindeln und Stoffwindeln entscheiden - und hier noch zwischen verschiedenen Wegwerfwindelmarken und diversen Stoffwindelsystemen. Zwischen 4000 und 6000 Wegwerfwindeln werden pro Kind verwendet bis es keine Windeln mehr benötigt. Ein riesiger Müllberg für jedes einzelne Kind. Verschiedene Berechnungen haben die Ökobilanz von Stoffwindeln gegenüber Wegwerfwindeln untersucht (Aumonier/Collins 2005) und zeigen, dass sie abhängig ist von verschiedenen Faktoren wie beispielsweise dem Stoffwindelmodell (und damit der Menge an Stoff, die gewaschen werden muss), dem Umstand, ob diese gebraucht gekauft wurden, wie viele Stoffwindeln die Grundausstattung bilden und natürlich, wie und womit sie gereinigt werden. Der wohl geringste Aufwand an Wäsche entsteht bei All-in-Three-Modellen, denn hier gibt es eine Außenwindel, eine Innenwindel, die in die Außenwindel eingeknüpft wird und in welche dann die Einlagen gelegt werden. Auf diese Weise ist es möglich, dass bei einer nassen Windel nur die Einlage ausgewechselt wird und es sogar bei Stuhlgang manchmal möglich ist, nur die Einlage mit dem Windelflies zu entfernen. Aber auch Prefolds mit Überhosen können ein Modell mit geringem Waschaufkommen sein. Wer Stoffwindeln nutzen möchte und dabei auch auf die Ökobilanz achten will, kann sich von einer/m Stoffwindelberater*in beraten lassen und die verschiedenen Systeme kennenlernen.

NUCKEL, FLÄSCHCHEN, BEIKOST UND CO.

Doch nicht nur der Markt an Pflegeprodukten ist groß, auch der Markt an Babyfläschen, Nuckeln, Kindernahrung, -geschirr und -besteck ist riesig. Doch wie zuvor gilt auch hier, dass das Baby eigentlich kaum wirklich etwas davon braucht, denn es kommt ohne Nuckel, Flasche, Trinklernbecher und Kindermilch sehr gut zurecht.

BRAUCHT EIN BABY EINEN NUCKEL?

Auf fast jeder Erstausstattungsliste steht er drauf: der Nuckel. Als mein Mann und ich vor so vielen Jahren noch kinderlos heirateten, bekamen wir zur Hochzeitsfeier einen Blumenstrauß, in den viele rosa und hellblaue Nuckel gebunden waren als Wunsch für Kinderreichtum. Kinderreich wurden wir, aber in Bezug auf die Nuckel sind wir ganz unterschiedliche Wege gegangen: Eines der Kinder bekam einen Nuckel und liebte ihn, eines der Kinder lehnte den Nuckel ab, obwohl wir es uns als Erleichterung wünschten und das letzte Kind benötigt einfach keinen Nuckel. Gelernt habe ich von meinen Kindern, dass der Nuckel einfach ein Ersatz ist. Man braucht ihn nicht per se, wenn ich mich darauf einlassen kann, das Nuckelbedürfnis des Babys anders zu erfüllen. Und natürlich bedeutet das Einführen einer Sache, an die man das Kind gewöhnt, auch immer, dass es später wahrscheinlich wieder umgewöhnt werden muss.

Wofür wird der Nuckel genutzt?

Babys nuckeln gerne. Bevorzugt dort, wo die Natur es vorgesehen hat: an der weiblichen Brust. Sie nuckeln, weil sie durch die Muttermilch mit dem versorgt werden, was sie für ihr Wachstum benötigen.

Es gibt Phasen, in denen Babys besonders häufig angelegt werden möchten. Nicht, weil sie aus Langeweile an der Brust sein möchten, sondern in der Regel, weil sie Hunger haben. Oft denken Eltern, das Baby könne doch „nicht schon wieder Hunger" haben oder nicht noch immer, aber tatsächlich brauchen Babys für ihr Gehirnwachstum und auch die restliche Entwicklung viel Nahrung. Wird das Hungerbedürfnis mit einem Nuckel „gestreckt", kann sich das negativ auf die Entwicklung des Babys auswirken.

In einigen Phasen kommt es zu dem besonders häufigen Wunsch nach Nahrung und oft sind gerade abends die Wünsche nach mehr Nahrungseinheiten groß. Als Clusterfeeding bezeichnet man es, wenn Babys sehr häufig hintereinander an die Brust wollen. Ist dies langfristig so und über den ganzen Tag erstreckt, kann es jedoch auch sein, dass das Baby die Muttermilch aus der Brust nicht gut genug entleeren kann und es ist sinnvoll, eine Stillberaterin zu kontaktieren. Zeigt das Baby ein so starkes Saugbedürfnis, ist es also eher ungünstig, ihm einen Nuckel zu geben, denn es möchte nicht nur saugen, sondern genährt werden.

Im Allgemeinen hat das Nuckeln auch einen beruhigenden Effekt auf das Baby. Babys, die einen Nuckel erhalten, werden jedoch oft darauf geprägt, nur über diesen Nuckel beruhigt zu werden und Eltern und Kinder benutzen dann weniger andere Beruhigungsstrategien wie Tragen, sanftes Schuckeln, an der Brust einschlafen lassen, Singen etc. Dies macht es später auch schwieriger, den Nuckel wieder abzugewöhnen (da alternative Verhaltensmuster fehlen) und beschränkt auch die Vielfalt der Interaktion.

Erfolgreich wird der Nuckel oft bei Babys eingesetzt, die zu früh auf die Welt gekommen sind (er hilft ihnen, das Saugen schneller zu lernen, damit sie nicht mehr mit einer Sonde ernährt werden müssen und er unterstützt die Verdauung der Milch, so dass sie besser verwertet werden kann) oder bei Babys von Müttern mit sehr starker Milchbildung und kann manchmal auch eine Hilfe sein bei Kindern, die Schwierigkeiten mit der Regulation haben.

Ein Nuckel kann also durchaus hilfreich sein in bestimmten Situationen, ist aber in den meisten Fällen eigentlich nicht erforderlich, weil er nur ein Stellvertreter ist für den eigentlichen Wunsch danach, an der Brust zu sein. Die große Frage ist deswegen, ob die Mutter bzw. die Eltern diesem Wunsch nachkommen wollen und können, oder ob sie einen Nuckel als Ersatz anbieten möchten.

Wenn ja, ab wann benutzt man einen Nuckel?

In den meisten Fällen ist der Nuckel also eine recht persönliche Entscheidung der Bindungspersonen, die das Baby betreuen. Und auch wenn die Brust die natürliche Antwort auf das Saugbedürfnis ist, haben Eltern auch das Recht, aus ganz persönlichen Gründen zu entscheiden, dass das Baby nicht nur an der Brust saugt, sondern einen Nuckel bekommt. Die Gründe dafür können sehr vielfältig sein: weil es nicht möglich ist, die Brust immer anzubieten, weil es der Mutter physisch unangenehm ist (Achtung: Stillen sollte nicht schmerzen und nicht längerfristig zu wunden Brustwarzen führen, wenn das Stillen physisch unangenehm ist, sollte eine Stillberaterin kontaktiert werden), weil die Eltern männlich sind und keine weibliche Brust für das Nuckelbedürfnis anbieten können, weil das Baby sehr unruhig ist und der Nuckel bei der Regulation unterstützt etc.

In den ersten Wochen bietet es sich jedoch bei Stillbabys an, auf einen Nuckel zu verzichten. Bei stillenden Müttern ist es wichtig, dass die Milchbildung gut in Schwung kommt und Angebot und Nachfrage der Milch zusammenpassen. Dies reguliert sich dadurch, wie oft das Baby an der Brust saugt. Saugt das Baby weniger an der Brust, weil es viel am Nuckel nuckelt, wird auch weniger Milch gebildet und das Baby erhält weniger Muttermilch (weil weniger gebildet wird und vielleicht auch, weil sein Hungerbedürfnis übergangen wird). Zudem kann es durch das Nuckeln an einem Schnuller zu einer Saugverwirrung kommen. Daher verwundert es auch nicht, dass es einen Zusammenhang zwischen dem Nuckelgebrauch und früherem Abstillen gibt. Wer lange Stillen möchte, sollte daher eher sorgsam an das Thema Nuckel herangehen.

Tipps zum Nuckeleinsatz

Wird später aus den ganz persönlichen Gründen ein Nuckel gewünscht, ist das auch in Ordnung. Allerdings sollte der Einsatz des Nuckels doch betrachtet werden: Wie schon oben erwähnt, sollte immer erst geschaut werden, ob das Baby vielleicht Hunger hat. Hat es das nicht, kann ein Nuckel wohl dosiert eingesetzt werden, wenn wirklich ein Bedarf besteht und er gerade nicht anders bedient werden kann. Langfristig sollte jedoch ein Nuckel kein Ersatz sein für liebevolle Zuwendung. Denn auch wenn er das Baby beruhigt, möchte es eigentlich von uns Zuwendung erhalten in einem Moment, in dem es sich vielleicht überreizt fühlt oder wenn es nicht in den Schlaf findet. Babys sollten deswegen niemals einfach nur den Nuckel in den Mund gesteckt bekommen, damit sie sich endlich irgendwie beruhigen. Der Nuckel kann ein Begleiter der elterlichen Zuwendung sein, aber kein Ersatz. Die Situationen, in denen er eingesetzt wird, sollten von Anfang an begrenzt sein und in der Körpernähe der Bindungsperson stattfinden. Schließlich würde sich ein Brustnuckelkind auch nur am Körper der Person beim Nuckeln befinden und es nicht notwendig, dass ein Baby beim Spiel immerzu einen Nuckel im Mund hat. Auch Kinder, die am Daumen lutschen, sind zwangsweise in der

Nutzung begrenzt: Schließlich brauchen sie die Hände für das Erkunden und können daher nicht fortwährend den Daumen im Mund haben, sondern setzen ihn bewusst ein zur Selbstregulation. Ein dauerhafter und langfristiger Gebrauch des Nuckels wirkt sich nicht nur negativ auf den Kiefer aus, sondern kann auch einen negativen Einfluss auf die Sprachentwicklung nehmen. Studien zeigen auch, dass die Verwendung eines Nuckels Ohrinfektionen begünstigen kann.

Nuckel abgewöhnen

Wenn wir davon sprechen, dass einem Baby oder Kleinkind der Nuckel abgewöhnt werden soll, müssen wir uns zunächst klar machen, dass wir ihm etwas abgewöhnen wollen, was wir selbst ihm angewöhnt haben. Deswegen sollten wir auch nicht erwarten, dass das so einfach und problemlos geht. Wir haben dem Kind eine Beruhigungsstrategie beigebracht mit dem Nuckel und nun muss es an eine andere gewöhnt werden. Das „Abgewöhnen" ist eigentlich ein „Umgewöhnen". Und nicht das Kind ist „an etwas Schuld" oder braucht nun lange für eine Umgewöhnung, sondern es hat sich nur an etwas gewöhnt, was wir ihm beigebracht haben. Wann immer wir also versuchen, Dinge abzugewöhnen und ungeduldig werden oder in Versuchung geraten, das Kind unter Druck zu setzen oder gar zu bestrafen, sollten wir uns vor Augen führen, dass dies nicht der ursprüngliche Wunsch unseres Kindes war, sondern unsere erwachsene Entscheidung und wir nun ebenso erwachsen die langfristige Umgewöhnung begleiten müssen. Je nach Alter und Temperament des Kindes kann die Umgewöhnung zu neuen Beruhigungsstrategien lange dauern. Wichtig ist meist, das Kind langsam an Alternativen heranzuführen und entspannt zu bleiben. Günstig ist es deswegen, wenn der Gebrauch von Anfang an wie oben beschrieben dosiert wurde und der Nuckel nie zu einem Alltagsgegenstand geworden ist.

Dann bedeutet es, dass das Kind langsam und geduldig an andere Beruhigungsstrategien herangeführt werden muss.

BABYFLÄSCHCHEN UND TRINKLERNFLASCHEN - BRAUCHT MAN DAS?

Muttermilch ist die normale und gesunde Form der Ernährung für ein Baby. Wir sollten Frauen darin in jeder Hinsicht unterstützen, diese Ernährungsform ermöglichen zu können durch Akzeptanz und Förderung in der Gesellschaft und durch konkrete Unterstützung durch Stillberaterinnen in Form von professionellen Stillberaterinnen und Mutter-zu-Mutter-Beratung. Natürlich steht es jeder Familie frei, ihren eigenen Weg zu gehen und auch künstliche Säuglingsnahrung zu verwenden, wenn es persönliche oder gesundheitliche Gründe gibt, die gegen das Stillen sprechen. Neben zahlreichen wichtigen Eigenschaften der Muttermilch, die in künstlicher Säuglingsnahrung nicht nachgebildet werden können, ist sie zudem angemessen temperiert immer verfügbar und preiswerter als der gekaufte Ersatz.

Und auch wenn wir uns das Stillen fest vorgenommen haben, finden sich auf vielen Listen für die Erstausstattung Trinkfläschchen - für den Fall, dass es doch nicht geht. So weit entfernt von einem gesunden Selbstvertrauen sind wir, dass wir das Stillen als schwierige Aufgabe betrachten, an der wir scheitern könnten. Tatsächlich ist eine gute Stillberatung eine sehr wichtige Unterstützung in der ersten Zeit - sollten dann nicht lieber Stillberaterinnen statt Trinkfläschen auf der Erstausstattungsliste stehen und „verschenkt" werden? Wenn wir eine gute Unterstützung haben und es keine medizinischen oder persönlichen Gründe gegen das Stillen gibt, benötigen wir keine Fläschchen, keinen Sterilisator etc.

Der Sterilisator ist selbst bei gesunden Kindern, die mit Flaschen genährt werden, überflüssig: Fläschchen und Sauger können nach der Benutzung einfach mit heißem Wasser und Spülmittel oder in der Spülmaschine (Programm < 65°) gesäubert werden. Gesunde, termingerecht geborene Kinder benötigen keine sterilisierten Fläschchen und Sauger. Gummisauger sollten gelegentlich ausgekocht werden, weil sich bei längerer Nutzung kleine Risse darin bilden können, in denen sich Speisereste absetzen. Auch für Notfälle muss keine extra Flasche zu Hause aufbewahrt werden, denn Babys können auch über ein kleines Glas/einen Becher gefüttert werden. Hebamme und IBCLC Regine Grensens (2013) beschreibt sogar, dass Stillkissen nach ihren Erfahrungen überflüssig sind, da die Mutter das beste Stillkissen sei und Stillkissen das Erlernen des richtigen Anlegens behindern können.

Und auch nach der Stillzeit brauchen Babys zur Nahrungsaufnahme keine besonderen Dinge: Sie können von Anfang an lernen, aus einem kleinen Glas zu trinken anstatt aus einer Trinklernflasche. Trinklernflaschen gibt es in vielen verschiedenen Ausführungen und oft dauert es eine Weile, bis man ein Modell gefunden hat, das das Kind mag. Doch diese Mühe (und Kosten) kann man sich ersparen, wenn von Anfang an aus einem kleinen Glas (wie einem Schnapsglas) das Getränk der Wahl gereicht wird: Wasser ist das beste Angebot, das wir unseren Kindern machen können.

Die Trinkwasserqualität ist hierzulande sehr hoch. Wer möchte, kann in einem Labor die Wasserqualität untersuchen lassen, was sich bei Altbauwohnungen mit alten Rohren anbietet. Kinder brauchen jedoch hier kein gekauftes Wasser aus dem Supermarkt trinken und das Wasser muss auch nicht speziell abgekocht werden. (Verdünnte) Säfte und Tees sollten nur sehr selten zum Einsatz kommen, nicht in

Nuckelflaschen angeboten werden und auch spezielles Kinderwasser ist nicht nötig.

Auch in Hinblick auf die Beikost können Eltern viele Fehlkäufe vermeiden, wenn sie das Baby einfach am Familienessen beteiligen und ihm nach und nach babyfreundlich geeignete Nahrungsmittel vom Familientisch anbieten: dies kann entweder in pürierter Form erfolgen und das Baby wird mit Brei gefüttert oder es isst von Anfang an mit, indem es babygeeignetes Fingerfood zu sich nimmt. Beikostgläschen, Getreidebreie, Babytees und andere Babynahrungsmittel sind nicht zwingend notwendig. Auch spezielle Fütterungslöffel werden nicht benötigt, wenn das Baby die Mahlzeit einfach in die Hand nehmen darf, um sie mit allen Sinnen zu erfahren. Wer die Beikost mit Fingerfood in den Babyalltag einbringen möchte, kann sich über Workshops und entsprechende Literatur darüber informieren. Es gibt nur wenige wichtige Sachen, die beachtet werden müssen und es ist insgesamt eine sehr entspannte Art, das Baby an Nahrung außer Muttermilch heranzuführen.

KINDERZIMMER UND BABYSCHLAF

Babys brauchen keine Kinderzimmer. Auch wenn es schön ist, in der Vorfreude auf ein Baby ein Zimmer herzurichten, ist es das, was am Bedürfnis des Babys am meisten vorbei geht. Babys brauchen Nähe, Sicherheit und die Gewissheit, dass eine erwachsene Person in der Nähe ist, um die Bedürfnisse prompt zu erfüllen. Liegt oder schläft das Baby in einem eigenen Zimmer, wird diesem Bedürfnis nicht nachgekommen.

DER SICHERE SCHLAFORT IST BEI DEN BEZUGSPERSONEN

Auch wenn das Familienbett hierzulande nicht mehr so weit verbreitet ist, wie es das noch vor einigen Generationen war, ist es dennoch die Variante, die dem Bedürfnis des Babys entspricht. Unter Beachtung einiger wichtiger Aspekte kann das Baby im Familienbett gut schlafen. Alternativ zum Familienbett gibt es Babybalkone, die an das Elternbett angebaut oder Babybetten, die neben das Elternbett gestellt werden können. Doch ein ausreichend großes Bett ist auch eine Möglichkeit, wenn das Kind dort ohne Decke und Kissen im Schlafsack auf dem Rücken schläft, der Schlafort gut belüftet ist, die Eltern weder Rauchen, noch Alkohol oder Drogen konsumieren und die Unterlage ausreichend fest (und kein Wasserbett) ist. Auch das Stillen wird als wichtiger Faktor betrachtet. Herbert Renz-Polster (2014) hat die aktuellen Datenlage zur Vorbeugung des Plötzlichen Kindstods analysiert und schreibt:

> *„Warum stellen sie das Schlafen mit einem Baby noch immer unter Generalverdacht – statt die Eltern über das zu informieren, was wirklich bekannt ist und auch unter den Wissen-*

schaftlern unstrittig ist: dass das geteilte Elternbett für ein Baby dann ein erhöhtes Risiko bedeuten kann, wenn die Eltern rauchen, Alkohol trinken, Drogen oder Schlafmittel nehmen, wenn das Baby bei Nicht-Pflegepersonen schläft, wenn das Bett nicht babygerecht ist (Sofa, Wasserbett, zu weiche Matratzen, Federbetten etc), wenn das Baby in Bauchlage schlafen gelegt wird, wenn es sich um ein frühgeborenes Baby handelt oder wenn das Baby nicht gestillt wird (letzteres gilt womöglich nur im ersten Lebenshalbjahr)."

Die generelle Empfehlung zur Vorbeugung des Plötzlichen Kindstods ist, dass Kinder im ersten Lebensjahr im gleichen Zimmer wie die Eltern schlafen sollen. Babys brauchen aber weder eigene Betten noch ein eigenes Zimmer. Natürlich brauchen wir Platz, um die (wenigen) Kleidungsstücke des Babys aufzubewahren. Aber auch für das Spiel brauchen Kinder noch lange keinen eigenen Raum - denn sie wollen nicht alleine sein. Kinder spielen da, wo andere Menschen sind, um mit ihnen zu interagieren und um geschützt und behütet zu sein. Kinderzimmer, in denen Babys alleine sitzen und spielen, gehen an ihren Bedürfnissen vorbei und sind deswegen auch selten anzutreffen. Wer ein Kinderzimmer gestaltet, erfährt meist, dass die Spielsachen dorthin getragen werden, wo das Leben stattfindet und die restliche Familie zu finden ist. Im Baby- und Kleinkindalter sind abgelegene Spielbereiche daher noch unpraktisch und eher verschenkter Platz als sinnvoll.

„Eine passende Schlafumgebung muss deswegen genau diesen Bedürfnissen Rechnung tragen: Sie sollte möglichst reizarm sein. Ein Baby darf zum Einschlafen die Augen ruhen lassen und ins Leere starren. Es braucht kein Mobile über dem Bett, das es dazu auffordert, den Blick zu konzentrieren

oder die Schatten an der Wand zu untersuchen. Es braucht auch erst einmal kein Kuscheltier, schon gar nicht mit Spieluhr." (Susanne Mierau 2016)

SICHER SCHLAFEN

- ein sicherer Schlafplatz für ein Baby ist minimalistisch: keine Nestchen, keine Kuscheltiere, keine Kissen, keine Decken, keine Geschwister neben dem Baby, keine Haustiere mit im Bett, kein Lammfell als Unterlage
- in einem Zimmer mit den Eltern schlafen
- im Schlafsack schlafen
- auf dem Rücken schlafen
- auf einer festen, sauberen Matratze schlafen (kein Wasserbett, nicht auf dem Sofa oder Sessel)
- verhindern, dass das Baby aus dem Bett fallen kann
- gute Belüftung, Vermeidung von Überhitzung (16-18°C Raumtemperatur)
- Bezugspersonen sollen nicht in der Anwesenheit des Babys rauchen (und auch schon in der Schwangerschaft sollte das Rauchen eingestellt werden, Rauchen gilt als wesentlicher Risikofaktor für den Plötzlichen Kindstod)
- nicht neben dem Baby schlafen, wenn Alkohol, Drogen oder Medikamente konsumiert wurden
- Stillen des Babys hat sich in Studien als vorbeugender Effekt erwiesen zur Vermeidung des Plötzlichen Kindstods

DER SCHLAF TAGSÜBER

Auch tagsüber wollen Babys in der Nähe ihrer Bezugspersonen sein und nicht im Schlaf allein an einem anderen Ort abgelegt werden. Wer das Baby tagsüber in einem Tragetuch oder einer Tragehilfe trägt, kommt diesem Bedürfnis optimal nach, da auch der Körperkontakt gegeben werden kann, der das Baby beruhigt. Alternativ hierzu bieten sich „kleine Schlaforte" an, in die das Baby abgelegt werden kann und sich dennoch in der Nähe der Bezugsperson befindet: eine Decke, auf die das Baby gelegt werden kann oder ein Korb, eine Erstlingsbox oder das Oberteil eines Kinderwagens, sofern man einen hat. Ein Ort also, der den Anforderungen eines sicheren Schlafplatzes nachkommt, aber gleichzeitig variabel in der Wohnung bewegt werden, beispielsweise mit ins Bad genommen werden kann, wenn Eltern mal duschen wollen.

KEINE BABYWIPPEN

(Werdenden) Eltern werden immer wieder Babywippen angepriesen. Aber weder Eltern noch Babys brauchen Babywippen. Wie schon weiter oben erwähnt, reicht es aus, das Baby auf eine Decke zu legen oder in einen Korb oder eine ähnliche sichere, geborgene Ablagemöglichkeit. Die Babywippe schränkt die natürliche Bewegungsmöglichkeit des Babys sehr stark ein. Damit es sicher darin liegt, muss es meistens angeschnallt werden, wodurch eine freie Bewegung der Beine und zur Seite nicht mehr möglich ist. Auch kann das Baby dadurch nur auf dem Rücken liegen und den Kopf nicht so variabel wenden wie bei der freien Lage auf dem Boden, wodurch es bei sehr häufiger Nutzung zur Abflachung des Hinterkopfes kommen kann, was weitere Probleme mit sich bringen kann.

UNTERWEGS MIT BABY - KINDERWAGEN, TRAGE(TUCH), BABYSCHALE

Nach acht Wochen ist das Wochenbett zu Ende und - wenn nicht schon vorher - der Zeitpunkt erreicht, wieder längere Ausflüge zu machen. Die Familie wird mobil und es stellt sich die Frage: Aber wie?

BABYS BRAUCHEN KEINEN KINDERWAGEN

Babys brauchen keinen Kinderwagen. Wenn wir betrachten, was Babys wirklich benötigen, ist der Kinderwagen recht weit von dem entfernt, was ihren eigentlichen Bedürfnissen entspricht. Babys brauchen Körperkontakt, Sicherheit und Zugang zu Nahrung. All dies erhalten sie optimalerweise dann, wenn sie getragen werden, in einem Tragetuch oder in einer Tragehilfe. Das Tragen hat verschiedene Vorteile für Babys und auch für Eltern und ist deswegen die beste Möglichkeit für den Transport des Babys. Aber auch wenn Babys eigentlich keine Kinderwagen brauchen, brauchen Eltern sie manchmal, und das ist auch in Ordnung. Doch bevor sich Eltern für einen Kinderwagen entscheiden, sollten sie über die Vorteile des Verzichts auf einen Kinderwagen bzw. die Vorteile des Tragens informiert sein. Denn eine Elternschaft ohne Kinderwagen ist auf jeden Fall möglich und hat viele Vorteile auf Seiten des Babys und der Eltern.

WARUM TRAGEN?

Alles in dieser Welt ist für das Baby neu. Um sich nach und nach mit der Umwelt vertraut zu machen, ist es gut, wenn das Baby einen sicheren Rückzugsraum hat, in dem es sich geborgen fühlt. Das ist gut möglich am Körper der Bindungspersonen. Hier lässt sich ein Baby auch viel einfacher beruhigen als durch Worte und Schuckeln am Kinderwagen. Auch kann das Baby in der Trage gestillt werden, was gerade unterwegs eine Erleichterung sein kann. Wird es größer, kann sich das Baby aus der Position am Körper der Bindungsperson mit der Umwelt vertraut machen in einem geschützten Rahmen. Nicht zuletzt hat das Tragen auch auf die körperliche Entwicklung einen positiven Einfluss, weil durch die korrekte Anhock-Spreiz-Haltung in der Trage die Entwicklung der knorpeligen Hüftgelenkstrukturen positiv beeinflusst und der Oberschenkelkopf ideal in die Hüftgelenkpfanne eingepasst wird (vgl. Kirkilionis 2013). Im Alltag ist eine Trage eine gute Begleitung, weil das Kind auch zu Hause damit gut am Körper getragen werden kann und so eine freie Bewegung möglich ist. Das Tragen von Kindern hat also zahlreiche Vorteile gegenüber der Verwendung eines Kinderwagens. Sehr häufig wird der Kinderwagen gerade bei kleinen Babys eher dafür genutzt, um Einkäufe zu transportieren, während das Baby in der Trage ist. Hierfür gibt es aber auch andere und preisgünstigere Alternativen.

TRAGE STATT KINDERWAGEN: WORAUF KANN ICH ACHTEN?

Mittlerweile gibt es aber eine wirkliche Vielfalt an unterschiedlichen Tragen und Herstellern auf dem Markt. Neben den ganz großen Marken auch viele, die selber nähen. Und hier wird es nämlich besonders spannend: Natürlich haben die, die selber nähen, Modelle entworfen, die besonders an sie und ihre Bedürfnisse angepasst sind. Wer also eine passende Trage sucht, sollte nicht nur auf Material und Optik achten, sondern idealerweise auch ein Wissen davon haben, für welche Körperform die Trage ursprünglich gedacht war. Dies ermöglicht schon eine Eingrenzung auf dem riesigen Markt und lässt natürlich auch die Wahrscheinlichkeit steigen, ein Modell zu haben, das lange Freude gewährt. Es ist sinnvoll, hierfür eine/n Trageberater*in zu kontaktieren, um sich einmal umfassend informieren zu lassen über die Möglichkeiten und um verschiedene Modelle auszuprobieren, denn es soll das genau richtige Modell gefunden werden, schließlich wird es für eine lange Zeit ein täglicher Begleiter. Trageberater*innen informieren zudem über die richtige Pflege der gewählten Trage. Tragetücher müssen, wie alle anderen Kleidungsstücke, regelmäßig gewaschen werden und sollten nicht „zum Weichmachen" über harte Kanten gezogen werden, da das die Fasern zerstört.

TRANSPORT IN DER BABYSCHALE

Wer ein Auto hat und auch mit dem Baby darin fährt, benötigt einen sicheren Kindersitz für das Baby. Auch hier ist es gut, sich in einem Fachgeschäft beraten zu lassen, denn auch der Markt an Autositzen ist riesig. Mittlerweile gibt es spezielle Läden, die nur auf Kindersitze spezialisiert sind.

Während der Autofahrt muss das Baby natürlich in einer Babyschale/Reboarder sicher angeschnallt sein. Oft ist jedoch zu sehen, dass Babys auch außerhalb des Autos darin transportiert werden und die Autositze auf entsprechende Fahrgestelle montiert werden, die wie ein Kinderwagen geschoben werden. Davon ist in jedem Fall abzuraten. Die Körperhaltung in der Babyschale ist - wie auch in Babywippen - nicht gut für die kindliche Entwicklung. Bei längeren und häufigen Aufenthalten kann das zu Haltungsschäden führen. Eltern, die ihr Baby oft mit dem Auto befördern, sollten für die anschließenden Strecken eine Tragehilfe nutzen anstatt eines solchen Fahrgestells.

SPIELSACHEN

Spielzeug beeinflusst unsere Kinder auf vielfältige Weise, mehr als uns manchmal bewusst ist. Und in dem Moment, in dem es benutzt wird, ist es nicht nur ein Zeitvertreib. Es beeinflusst das Spiel, den Umgang mit dem Gegenstand und die Fantasie in großem Maße: Manche Spielsachen sind so gefertigt, dass mit ihnen nur noch bestimmte Handlungen möglich sind. Sie schränken das Spiel ein, geben durch ihre Gestaltung die Nutzung vor und erlauben nur wenig kreativen Umgang. Je stärker ausgestaltet und detailgetreuer ein Spielzeug ist, desto weniger Raum lässt es für die Gedanken des Kindes, für andere Handlungsmuster. Weniger anzubieten und dem Kind weniger Details zu geben, kann manchmal mehr beflügeln.

BRAUCHEN BABYS SPIELZEUG?

Die klare Antwort darauf ist: Nein, Babys brauchen kein extra gefertigtes Spielzeug. In den ersten Monaten lernt das Baby zunächst den Körper und die Umwelt kennen. Es ist wichtig, dass es sich mit seinem Körper vertraut machen kann, denn durch das Spiel damit entdeckt es den Körper, seine Funktionen und trainiert zugleich auch die Muskeln und Fähigkeiten für die weitere Entwicklung. Jeder Baustein der Entwicklung baut auf vorhergehende Fähigkeiten auf. Babys brauchen daher die Möglichkeit, die einzelnen Entwicklungen durchmachen zu können und sollten darin nicht behindert werden. Wenn sie jedoch durch Spielzeug zu einem Verhalten herausgefordert werden, dass ihrer Entwicklung im Wege steht, beispielsweise indem ein Spielzeug über ihnen hängt und sie auffordert, ausschließlich nach oben zu greifen und sie dadurch darin einschränkt, sich zur

Seite zu bewegen oder indem es tatsächlich die Bewegungsfreiheit des Seitwärtsrollens einschränkt, ist das ein ungünstiger Einfluss. Das Baby braucht den Raum und die Möglichkeit, sich nach seinen Bedürfnissen zu bewegen und zu erkunden.

Natürlich beginnt das Kind auch irgendwann damit, nach Dingen zu greifen, sie zum Mund zu führen und sie zu befühlen. Es spielt und lernt darüber die Umwelt kennen. Jedes Ding ist deswegen für das Baby ein Spielzeug, weil es damit spielt und erkundet. Daher können auch die verschiedensten Dinge Zeug zum Spielen sein, so lange sie nicht gefährlich für das Baby sind oder es verletzen können. Viele Rasseln oder Ringe können für Babys anfangs zu schwer und unhandlich sein und das Baby schlägt sie sich eher gegen den Kopf, als dass es damit spielen kann. Zeug zum Spielen kann deswegen auch ganz einfach aus dem Alltag kommen: ein Gardinenring aus Holz, zur Abwandlung kann ein Tuch daran befestigt werden. Ein Tuch mit einem Knoten darin, große Holzperlen, die zu einem Ring geformt sind, Löffel, selbst gemachte Knistertücher oder ein Waschlappen oder Kirschkernsäckchen. Spielsachen müssen nicht extra Sachen zum Spielen sein, sondern können aus dem Alltag stammen.

Viele Spielsachen sind oft eher für Eltern gestaltet als für Kinder. Ein Mobile, das über einem Wickeltisch hängt, zeigt uns, dass dies ein Platz für ein Baby ist. Das Baby aber, das anfangs nur in einem geringen Abstand scharf sehen kann (der Abstand, den es natürlicherweise zum Gesicht der Mutter beim Stillen einnimmt), kann das hoch hängende Mobile kaum erkennen. Auch Kuscheltiere sind zunächst keine Dinge, die wirklich für das Baby, sondern eher zur Dekoration angeschafft werden. Das Baby freut sich vielmehr über die Augen der Bezugspersonen, die es ansehen und lächeln und über Hände, die mit ihm spielen.

Wenn wir uns dennoch zum Kauf von wenigen Spielsachen irgendwann entscheiden, sollten wir noch andere Aspekte berücksichtigen: Wir sollten uns fragen, welche Werte und Einstellungen wir damit unserem Kind vermitteln, welchen Geschmack wir bedienen. Und dann können wir betrachten, was wirklich mit diesem Spielzeug gemacht werden kann: Ist eine Vielfalt an Handlungen damit möglich oder ist es nur ein einschränkender Gegenstand? Nehmt das Spielzeug in die Hand, bevor ihr es kauft. Spürt seine Beschaffenheit, riecht daran, überlegt euch, was man alles damit tun könnte – oder auch was nicht. Beim Schenken von Spielsachen geht es nicht nur darum, dem Kind irgendeine weitere Sache anzubieten zu der großen Sammlung an Dingen, die es vielleicht schon hat. Es geht darum, einem Menschen eine Freude zu machen, die sein ganzes Leben und Denken beeinflussen kann.

SCHLUSSWORT

Wir können viele von den Sachen, die uns für das Leben mit Babys angepriesen werden, weglassen. Wir brauchen sie nicht, unsere Kinder brauchen sie nicht. Natürlich müssen wir nicht alles weglassen, was wir weglassen können. Jede Entscheidung ist eine ganz persönliche Entscheidung und wir können und sollten abwägen. Das Ziel dieses Booklets ist, die Kaufentscheidungen zu hinterfragen und insbesondere Eltern dahin zu führen, den Sinn einzelner Dinge zu hinterfragen: Braucht mein Baby das wirklich, hilft es ihm oder mir? Oder steht es uns vielleicht sogar eher im Weg, anstatt uns zu unterstützen? Viele Dinge, die uns vermitteln, dass sie uns die Elternschaft erleichtern, tun eigentlich das Gegenteil, weil sie eine Barriere schaffen zwischen uns und unserem Kind und diese Barriere erschwert das Verständnis.

Wenn wir diesen Gedanken mit in die Elternschaft nehmen und immer wieder daran denken, können wir sehr bewusste Kaufentscheidungen treffen und darüber auch eine Erleichterung in unserem Umgang mit dem Baby erfahren.

DANKSAGUNG

Dieses Booklet ist im Rahmen des Crowdfundings der „Geborgenen Erstlingsbox" entstanden. Ich danke allen UnterstützerInnen, die das Projekt ermöglicht haben. Milena, Caspar und Stephan haben sich im Hintergrund um Organisation und Logistik gekümmert und mir den Rücken freigehalten. Damit wir dieses Booklet auch nach dem Crowdfunding anbieten können, hat Nadine Lipp den Text freundlich lektoriert und Florian Bokor das Buch zeitnah gesetzt.

Ich danke meinen Kindern, durch die ich gelernt habe, dass man gar nicht so viel braucht, wie man anfangs denkt - und worauf es beim Elternsein wirklich ankommt.

LITERATUR

Aumônier, Simon/Collins, Michael (2005): Life Cycle Assessment of Disposable and Reusable Nappies in the UK. - Environment Agency: Bristol http://www.ahpma.co.uk/docs/LCA.pdf

Burgdorf, J./Panksepp, J. (2006): The neurobiology of positive emotions. In: Neuroscience and Biobehavioral Reviews 30 (2006) 173–187, online: http://gruberpeplab.com/teaching/psych231_fall2013/documents/231_BurgdorfPanksepp2006.pdf

Kirkilionis, Evelin (2013): Ein Baby will getragen sein. Alles über geeignete Tragehilfen und die Vorteile des Tragens. - München: Kösel.

Grensens, Regine (2013): Das beste Stillkissen der Welt. http://www.stillkinder.de/das-beste-stillkissen-der-welt/

Lago, Remo (2003): Babyjahre. Die frühkindliche Entwicklung aus biologischer Sicht. - München: Piper.

Mierau, Susanne (2016): Geborgen wachsen. Wie Kinder glücklich groß werden. - München: Kösel.

Renz-Polster, Herbert (2010): Kinder verstehen. Born tob e wild: Wie die Evolution unsere Kinder prägt. – 2. Aufl. München: Kösel S.126

Renz-Polster, Herbert (2014): Neues zum Plötzlichen Kindstod (SIDS) http://blog.kinder-verstehen.de/neues-zum-plotzlichen-kindstod-sids/

Stern, Loretta/Gaca, Anja Constance (2016): Das Wochenbett. Alles über diesen wunderschönen Ausnahmezustand. - München: Kösel.

Uvnäs-Moberg, K. (2006): Physiological and Endocrine Effects of Social Contact In: Annals of the New York Academy of Sciences Volume 807, Integrative Neurobiology of Affiliation.